عَدْنانُ وَالْهُدْهُدُ

T0379662

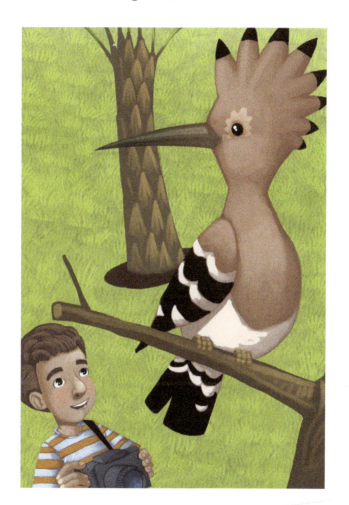

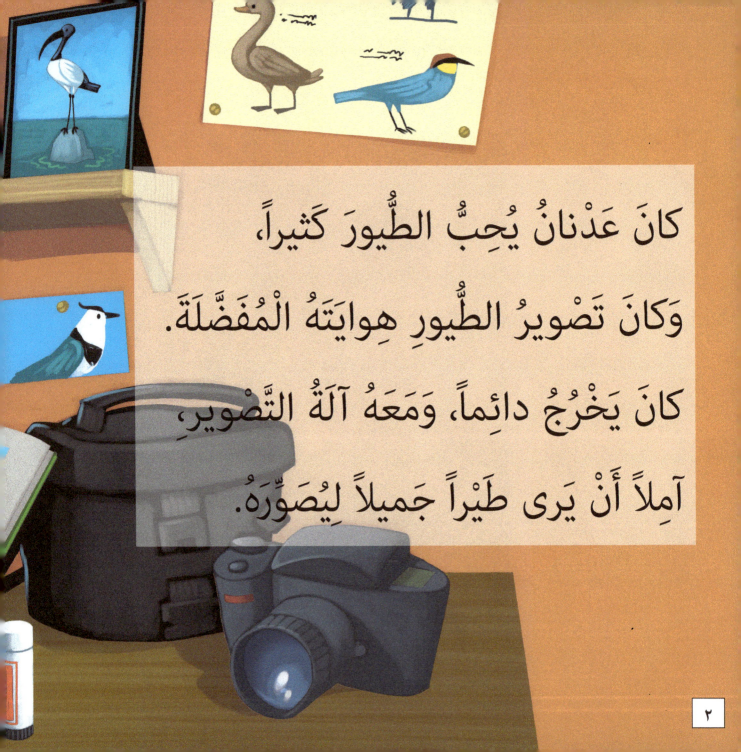

كانَ عَدْنانُ يُحِبُّ الطُّيورَ كَثيراً، وَكانَ تَصْويرُ الطُّيورِ هِوايَتَهُ الْمُفَضَّلَةَ. كانَ يَخْرُجُ دائِماً، وَمَعَهُ آلَةُ التَّصْويرِ، آمِلاً أَنْ يَرى طَيْراً جَميلاً لِيُصَوِّرَهُ.

ذاتَ يَوْمٍ ذَهَبَ عَدْنانُ إِلى جامِعِ الْأَزْهَرِ

في وَسَطِ مَدينَةِ الْقاهِرَةِ لِلصَّلاةِ.

وَكانَ عَدْنانُ قَدْ وَضَعَ آلَةَ التَّصْويرِ في حَقيبَتِهِ.

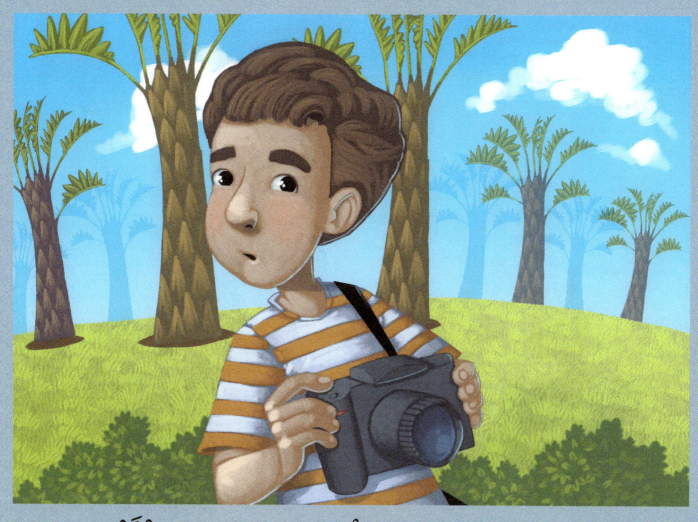

بَعْدَ الصَّلاةِ ذَهَبَ عَدْنانُ إِلى حَدْيقَةِ الْأَزْهَرِ

لِيَبْحَثَ عَنِ الطُّيورِ.

بَدَأَ يَبْحَثُ عَنِ الطُّيورِ وَبَعْدَ قَليلٍ رَأى هُدْهُداً جَميلاً ذا أَلْوانٍ زاهِيَةٍ، لَهُ عُرْفٌ مُلَوَّنٌ وَمِنْقارٌ طَويلٌ أَسْوَدُ وَريشٌ ناعِمٌ بُنِّيٌّ. كانَ الهُدْهُدُ واقِفاً عَلى الشَّجَرَةِ.

قالَ عَدْنانُ في نَفْسِهِ:
"يا لِسَعادَتي، كَمْ أَنا مَحْظوظٌ."

أَخْرَجَ عَدْنانُ آلَةَ التَّصْويرِ بِسُرْعَةٍ

وَحاوَلَ أَنْ يَأْخُذَ صورَةً لِلْهُدْهُدِ،

وَلٰكِنَّ الْهُدْهُدَ طارَ بَعيداً
حَتّى وَقَفَ بَيْنَ الْأَزْهارِ.

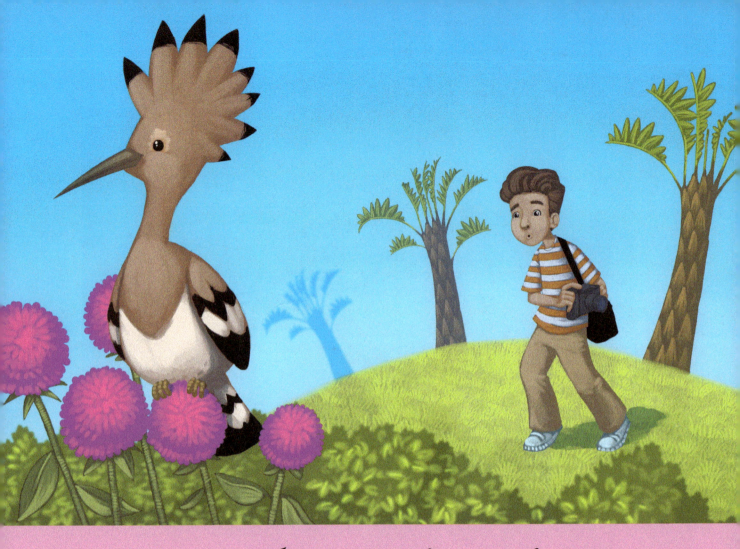

جَرى عَدْنانُ وَراءَ الْهُدْهُدِ بِخِفَّةٍ

وَلٰكِنْ هٰذِهِ الْمَرَّةِ بِحَذَرٍ دونَ أَنْ يُخيفَهُ.

حاوَلَ عَدْنانُ أَنْ يُصَوِّرَهُ
وَلٰكِنَّ الْهُدْهُدَ طارَ ثانِيَةً.

كَرَّرَ عَدْنانُ الْمُحاوَلَةَ مَرَّةً أُخْرى

وَجَرى وَراءَ الْهُدْهُدِ

حَتّى حَطَّ الْهُدْهُدُ بِجانِبِ الْبِرْكَةِ.

أَمْسَكَ عَدْنانُ بِآلَةِ التَّصْويرِ

لِيَلْتَقِطَ الصُّورَةَ بِسُرْعَةٍ.

وَلٰكِنَّ الْهُدْهُدَ طارَ

لِلْمَرَّةِ الثّالِثَةِ.

تَعِبَ عَدْنانُ مِنْ

مُلاحَقَةِ الْهُدْهُدِ فَجَلَسَ

عَلى الْمَقْعَدِ يائِساً.

فِي ذٰلِكَ الْحينِ نَزَلَ الْهُدْهُدُ مِنَ الشَّجَرَةِ

وَوَقَفَ عَلى الْعُشْبِ قَريباً مِنْ عَدْنانَ.

فَرِحَ عَدْنانُ وَلَمْ يُصَدِّقْ ما حَصَلَ.

بَقِيَ هادِئاً وَأَخْرَجَ آلَةَ التَّصْويرِ

بِبُطْءٍ وَبِحِرْصٍ

وَأَخَذَ صورَةً رائِعَةً لِلْهُدْهُدِ.

تقدم الخطة التالية إرشادات لدرس القراءة الموجهة. يجب إعطاء التلاميذ بعض الوقت للتفكير في الإجابة على الأسئلة مع تحفيزهم على الإجابة. لتقييم القراءة الفردية للتلاميذ يجب على المعلم الرجوع إلى قواعد التصحيح المذكورة في خطة الدرس حيث أن هذه القواعد تساعد على تقديم ملاحظات فعالة لطرق القراءة المبكرة كما أنها تساعد على إعداد قراء متحمسين ومتشوقين للقراءة.

تقديم الكتاب

١ التمهيد لموضوع الكتاب:

يمكن للمدرس أن يستعين بدليل المعلم للحصول على المزيد من التفاصيل عن طريقة تمهيد هذا الكتاب للتلاميذ، أو يكتفي بهذه الخطة فقط. يوجه المعلم الكتاب صوب التلاميذ ثم يقرأ العنوان جهراً مشيراً إلى كل كلمة بإصبعه أثناء القراءة مع سرعة تمرير الإصبع عند ربط الكلمات وإسقاط لفظ همزة الوصل. ثم يطلب المعلم من التلاميذ قراءة العنوان جهراً مع الانتباه إلى تمرير أصابعهم لتحقيق الربط عند وجود همزة الوصل.

٢ يقدّم المعلّم الكتاب ويسمح للتلاميذ بالتحدث بالتفصيل عن توقعاتهم لأحداث القصة:

صفحة ٢-٣: "هذا هو عدنان، عدنان له هواية. ماذا يجب أن يفعل عدنان برأيكم؟"

صفحة ٤: "خرج عدنان من المسجد للتوّ. هل تظنون أنه سيأخذ بعض الصور الآن؟ كيف تعرفون؟"

صفحة ٦: "هذا طائر جميل (ينبغي الإشارة إلى الهدهد). هل تظنون أن عدنان سيأخذ صورة له؟ هل سيكون الأمر سهلاً؟ انظروا في الصفحات القادمة لتروا ماذا يحدث كلما حاول عدنان أن يأخذ صورة للهدهد." يطلب المعلم من التلاميذ التوقف عن القراءة قبل الوصول إلى الصفحتين الأخيرتين حتى لا يروا أن عدنان قد نجح في أخذ الصورة.

٣ التهيؤ للمفردات والتراكيب المتوقعة:

يقدم هذا النص أمثلة للتدريب على استخدام زمنين مختلفين باستعمال لفظ 'كان' حيث أن وجود المضارع أو الماضي بعد 'كان' يضعها في سياق زمني مختلف ويغير الإطار الزمني. لإعطاء فرص لمقارنة الصيغتين يقول المعلم للتلاميذ: "افتحوا على صفحة ٢ – وقارنوا السطر الأول مع السطر الثالث في صفحة ٤، حيث توجد الصيغتان." ثم يطلب منهم النظر إلى النص في كتبهم مع التتبع بأعينهم عند القراءة الجهرية لكل جملة. صفحة ٧: "تشتمل هذه القصة على أسلوب السرد اللغوي الذي يعطي القصة طابعاً خاصاً. نحن عادة لا نتكلم بهذه الطريقة في حياتنا اليومية وإنما نستخدم هذا الأسلوب في التعبير الشفوى أو الكتابي بالفصحى. تتبعوا النص بعينيكم عند قراءتي لما يقوله عدنان عندما رأى الهدهد على الشّجرة. يقول عدنان: 'يا لسعادتي، كم أنا محظوظ'." (في الحزمة الزرقاء يتتبع كل تلميذ النص في نسخة الكتاب الخاصة به)

استراتيجية التحقق

٤ استراتيجية التحقق من نبرة الصوت في القراءة:

"في كثير من الأحيان لا تنتهي الجمل بنهاية السطر بل تتواصل بالسطر التالي. فدققوا النظر في علامات الترقيم لتساعدكم للحصول على صحيح التعبير لقراءة الجملة الكاملة المفيدة. إذا لاحظتم أن قراءتكم لا تتوفر على التعبير الصحيح وكذلك لا تتوفر فيها النبرة الصحيحة وليست سلسة، رددوا قراءة الجملة من البداية واقرؤوها مرة ثانية بالتعبير المناسب حتى وإن كانت قراءتكم للكلمات صحيحة في أول مرة."

٥ استراتيجية التحقق من استخدام المعلومات البصرية بفاعلية:

"أنتم الآن قراءٌ جيدون، وتستطيعون أن تميزوا الكلمات رغم تشابه ألفاظها. يجب أن ننظر إلى جميع حروف الكلمة ونتأكد من التفاصيل. هناك مثال على ذلك في صفحة ١٢." يطلب المعلم من التلاميذ أن يفتحوا على هذه الصفحة. "تبدو الكلمتان 'حتّى' و'حطّ' متشابهتيْن عند النطق وفي الشكل أيضاً ولكن هناك اختلافات جوهرية بينهما من حيث اللفظ والشكل والمعنى. كيف تتأكدون من صحة قراءتكم؟ انظروا بتمعن إلى كل الحروف والتفاصيل الموجودة في الكلمة وفكروا إذا كانت قراءتكم صحيحة ولها معنى مفيد."